DUISBURG
am Rhein

Erwin Heerich   Katsuhito Nishikawa

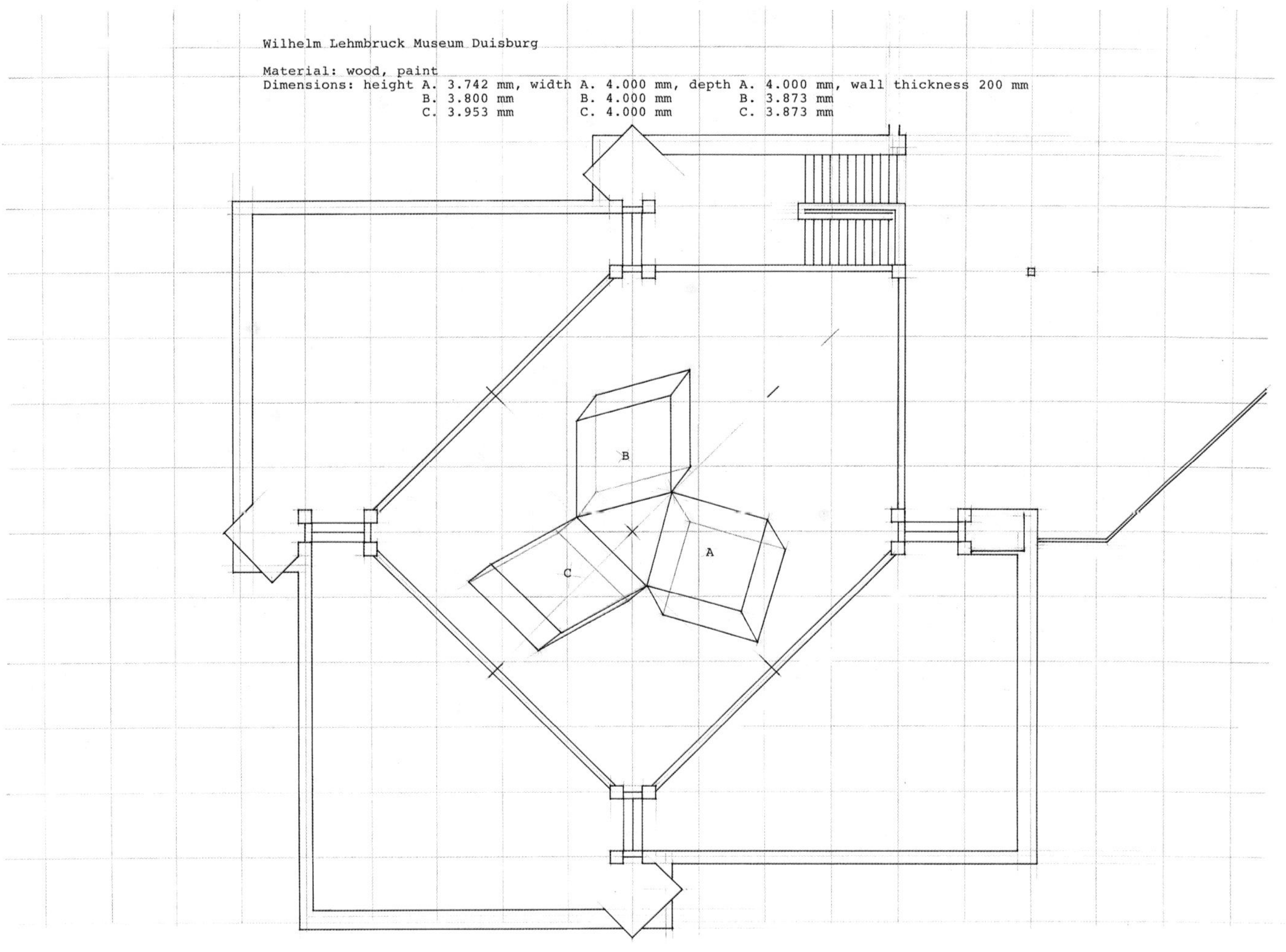

Planzeichnung für die Installation im Wilhelm Lehmbruck Museum Duisburg, 1994, Bleistift, Pigmenttusche auf Papier, 29,7 x 42 cm

TRIKONA **Wilhelm Lehmbruck Museum Duisburg 1994**

TRIKONA

Eine begehbare Skulptur als Gemeinschaftsprojekt für den Neubau des Wilhelm Lehmbruck Museums Duisburg

Nach zweijähriger Bauzeit konnte der Neubau des Wilhelm Lehmbruck Museums im März 1987 eröffnet werden. Einen wesentlichen Teil dieses dritten Bauabschnittes, der die Raumkapazität des Museums insgesamt verdoppelte, bestimmt eine zweigeschossige Galerie, die sich mit jeweils drei Dreiecksräumen pro Geschoß um einen zentralen Luftraum orientiert. Alle Raumsegmente dienen der wechselnden, räumlich-thematischen Präsentation von Werken der zeitgenössischen Skulpturensammlung. Das gesamte Untergeschoß konnte von 1987 bis 1993 – dank zahlreicher Leihgaben – als großer Beuys-Raum installiert werden: als Gegenstück zum Lehmbruck-Raum am Anfang des Rundgangs durch das international ausgerichtete Skulpturenmuseum.
Nach dem Abzug der meisten Beuys-Leihgaben – zunächst für die große Wanderausstellung von Beuys in Zürich, Madrid und Paris, danach zur dauerhaften Präsentation im Hamburger Bahnhof in Berlin – mußte eine neue Lösung für die Einrichtung des Untergeschosses mit zeitgenössischer Skulptur gefunden werden. Eine großzügige, auf das Werk eines einzigen Künstlers beschränkte Lösung bot sich nicht an. Eine heterogene, mit Werken vieler Künstler erwirkte Lösung verbot der fließende Übergang vom Luftraum in die angrenzenden, mit unterschiedlichen Höhen versehenen Seitenkabinette.
In dieser Situation wandte ich mich mit der Bitte an Erwin Heerich, ein Modell für eine architektonische Skulptur zu entwickeln, die gleichermaßen der Museumsarchitektur und der Präsentation von zeitgenössischer Skulptur in den unteren Dreiecksräumen gerecht werden könnte. Hatte ich schon die Ausstellungsarchitektur in den beiden älteren Bauabschnitten mit ihm geplant, so schien es nur konsequent, mit ihm und in Kenntnis seiner begehbaren Skulpturen diesen Weg zu gehen. Glücklicherweise stimmte er auch diesem Vorschlag zur Zusammenarbeit zu und band – ganz in meinem Sinne – schon frühzeitig seinen ehemaligen Schüler Katsuhito Nishikawa in das Projekt ein. Nishikawa baute ein maßstäbliches Architekturmodell, und beide Bildhauer entwickelten mehrere Lösungen für begehbare Skulpturen. Wir entschieden uns für „Trikona", die Bezeichnung für „Dreieck" im Sanskrit. Zur Finanzierung des Projektes benötigten wir noch einen weiteren Partner, den wir dankbarer Weise im Ehepaar Sylvia und Ulrich Ströher fanden. Das fertige Werk wird nun für einige Jahre als Leihgabe im Museum verbleiben können, umgeben zunächst einmal von neu zusammengestellten Werken von Joseph Beuys, dem Weggefährten Erwin Heerichs.
Zwischenzeitlich hatte Katsuhito Nishikawa die plastische Grundidee von Erwin Heerich aufgegriffen und in Modellen und Zeichnungen ausgearbeitet. Die Firma Gruteser baute einen Prototyp zur Überprüfung der Maßstäblichkeit und schnitt sodann alle Holzelemente in der Schreinerei vor, um dann – unter Aufsicht von Katsuhito Nishikawa – vor Ort das dreiteilige Werk zu realisieren. Über ein Holzgerüst wurden innen und außen Holzplanken montiert, Innen- und Außenhaut verspachtelt und schließlich in mattem Weiß gestrichen.
„Trikona" leitet sich in Raumgestalt und Maßen aus einem Kubus von je 4 m Seitenlänge ab. Nur ein Raumkörper basiert auf einem quadratischen Grundriß, die beiden anderen sind parallel verschoben. Nur zwei Fußkanten von zwei Raumkörpern verlaufen parallel zur Brüstung der Architektur, ansonsten torsieren die Skulpturen im Raum. Alle drei Raumkörper neigen sich nach innen, wodurch sie einen aus ungleichen Dreiecken konstituierten pyramidalen Leerraum im Zentrum bilden. Da aber die seitlichen Neigungen aller drei Raumkörper unterschiedlichen Winkelgraden entsprechen, variieren auch die Höhen jeweils um einige Zentimeter. Um die räumlichen Veränderungen von Baukörper zu Baukörper präzise zu erfahren, bieten sich vor allem zwei Perspektiven an: von den oberen Galerieräumen in der Aufsicht und von innen; denn auf der nach innen gerichteten „Fassade" ist jeweils lotrecht eine 150 cm hohe rechteckige Öffnung ausgespart, einmal mittig, in den beiden anderen Fällen seitlich versetzt.
„Trikona" ist beides: eine eigenständige und dreiteilige, auf sich selber bezogene architektonische Raumskulptur und eine kontrapunktisch auf die vorhandene Museumsarchitektur reagierende Skulpturengruppe. Als Raumskulptur besitzt sie virtuell zwei ausstrahlende Qualitäten und Dimensionen: eine architektonische und eine menschliche. Die verdrehten und versetzten Kuben der Raumskulptur beziehen sich auf den durch Dreiecksflächen und Dreiecksräume gegliederten Architekturkubus, der durch Drehung um 90 Grad einen inneren Luftraumkubus umschreibt. Auf die versetzten Ebenen der Dreiecksräume reagiert auch die skulpturale Baukörpergruppe mit gestaffelten Höhen. (Durch die optische Anhebung von „Trikona" mehr oder weniger auf das Niveau der oberen Galerie erscheinen übrigens die oben installierten Skulpturen aus den gegenüberliegenden Perspektiven näher, größer und präsenter.) Aus der Perspektive des Betrachters aber erhebt sich auch die Skulpturengruppe zu architektonischer Größe, will umschritten werden und bietet im Innern ein höhlenartiges Gehäuse an, das nichts als den Menschen selber und das Außenlicht aufnimmt: am Ende eines langen Rundgangs durch die Museumssammlung.
Im Innern der Räume ist der Betrachter auf sich selbst gestellt. Er benötigt einige Zeit, um sein Gleichgewicht angesichts der aus dem Lot gerückten Schrägen weiß gestrichener Wände zu finden. Mit dem wiedergefundenen Gleichgewicht aber definiert er selber seine Verortung im Raum, die von Raum zu Raum ein anderes Erlebnis ermöglicht. Der Betrachter erlebt „Trikona" gleichermaßen als Architektur in der Architektur und als Skulptur. Er schärft seine Wahrnehmung für beide Phänomene und wird nach diesem Erlebnis- und Erkenntnisprozeß beim Rückgang durch das Museum das Verhältnis von Skulptur und Raum anders wahrnehmen und reflektieren. Insofern erhält diese Werkgruppe an diesem Ort zwei zusätzliche Funktionen: als begehbare Skulptur ergänzt sie die Typologie von Skulptur im Museum, und als solche vermag sie, neue Einsichten zu vermitteln im Hinblick auf ein grundlegendes Phänomen aller Skupturenmuseen: eben das immer virulente und variierende Verhältnis von Skulptur und Raum.
Ein derart reiches, mit dem natürlichen Oberlicht sich veränderndes Wahrnehmungs-, Erfahrungs- und Erlebnisspektrum über diese mit äußerst reduzierten Mitteln gestaltete Skulpturensammlung an die Museumsbesucher vermitteln zu können, macht den hohen Gewinn dieses Gemeinschaftsprojektes aus. Dafür möchte ich allen Beteiligten danken, den Künstlern, den ausführenden Handwerkern und dem Ehepaar Ströher.

Christoph Brockhaus

TRIKONA

A Walk-In Sculpture as Cooperation Project for the New Wing of the Wilhelm Lehmbruck Museum

The Wilhelm Lehmbruck Museum's new wing was opened in March, 1987, after two years of construction. At the heart of this third construction which doubled the museum's spatial capacity is a two-storied gallery that, with three triangular areas on each floor, is oriented around a central open space. All spatial segments serve the changing, spatial-thematic presentation of work from the museum's collection of contemporary sculptures. From 1987 to 1993 – thanks to many generous loans – it was possible to install the entire lower floor as a Beuys Room as a counterpart to the Lehmbruck Room situated at the beginning of the tour through the sculpture museum.

After most of the Beuys loans were withdrawn from the museum – at first for the major Beuys exhibition tour in Zurich, Madrid and Paris, thereafter for an indefinite presentation in the Hamburger Bahnhof in Berlin – a new solution was needed for the installation of contemporary art in the lower floor. A solution concentrating on the work of a single artist was not at hand. A heterogeneous solution comprising works of many different artists was not practicable due to the fluid transition from the open space to the adjacent side cabinets, each with varying heights.

In this predicament I turned to Erwin Heerich with the request to develop a model for an architectural sculpture that does equal justice to the museum's architecture as well as to the presentation of contemporary sculpture in the lower triangular rooms. As I had already worked together with him on the exhibition architecture during the two previous construction phases, it seemed only logical to follow this path with him and with the knowledge of his walk-in sculptures. Happily, he accepted my suggestion and at an early stage – in complete accordance with my idea – invited his former student Katsuhito Nishikawa to join our project. Nishikawa built a scaled architectural model, and both sculptors developed various solutions for the walk-in sculptures. We decided upon "Trikona", which means 'triangle' in Sanskrit. A further partner was needed to finance this project, whom we thankfully found in Sylvia and Ulrich Ströher. The completed work will thus be able to remain on loan to the Museum for a few years, and will first be surrounded by a re-grouping of works by Joseph Beuys, a colleague and friend of Erwin Heerich's.

In the meantime, Katsuhito Nishikawa took up Erwin Heerich's sculptural basic idea and worked it out in models and drawings. The Gruteser Company first built a prototype to investigate the dimensional accuracy, then cut all the wooden parts to size, and finally – under Katsuhito Nishikawa's supervision – erected the three-part work on site. A wooden frame was covered over by wooden boards on the inside and outside; both sides were primed and finally painted dull white.

In its spatial form and measurements, "Trikona" is derived from a cube with sides of 4 meters length. Only one of the three objects evolves from a quadratic ground plan, the other two having slightly rhombic ones. In addition, all three objects rotate slightly on their own axis, turning a bit in space. They also lean in slightly towards the middle. Thus, a pyramidal open space is formed from the unequal triangular openings between the objects. However, it is a modified pyramid because the slants of these rhombic cubes vary, causing the height of each object likewise to vary slightly. When looking at the lines described by the edges of these objects upon the floor of the museum, one notices that only two of the objects' edges are in alignment with lines described by the surrounding museum architecture: the balustrades of the upper floor. Two perspectives of these objects are particularly suitable for experiencing the spatial changes from object to object: one is from the upper gallery and the other is from inside the objects themselves. Each object has an opening of 150 cm, allowing entrance from the mid area, one doorway being centered, the other two situated slightly off-center.

"Trikona" is both an independent and three-part, self-referring architectural installation as well as a sculpture group acting as counterpart to the surrounding museum architecture. As a sculptural installation, it possesses architectural and human dimensions. The displaced cubes of the installation refer to the museum's architectural cube, which is arranged in triangular planes and triangular spaces and which, by a 90 degree torsion, defines an inner cube of open space. The sculptural group of objects reacts to the displaced levels of the triangular spaces by a graduation of height within the group. (It is interesting to note that thanks to the optical elevation of "Trikona" more or less up to the level of the upper gallery, the sculptures installed on the upper level appear to be closer if viewed from the opposite side). The viewer, however, experiences the installation as architectural because its size is such that he must walk around to comprehend its shape. Moreover, the interior presents a cave-like chamber intended for human beings themselves.

In the rooms' interior, the viewer is on his own. He needs some time to regain his balance in the face of the dislocated slanted whitewashed walls. With regained sense of balance, however, the viewer begins to define for himself his spatial position, allowing for a different experience from room to room. The viewer both experiences "Trikona" as architecture – within – architecture, as well as sculpture. His awareness for these phenomena is enhanced which encourages him to reflect differently upon the relationship between sculpture and space while he returns through the museum. In this sense, this installation has additional functions. As a walk-in sculpture, it complements the sculpture types in the museum. But it also communicates new insights on a basic phenomenon common to all sculpture museums: the dynamic relationship between sculpture and space.

In spite of – or because of – the extremely reduced language of this sculptural group, it is able to communicate a rich spectrum of experience and heightened perception for light, space and interactive architectural spacing. This cooperation project is a noteworthy contribution to the museum, and for this reason I would like to thank all those involved – the artists, the executing company, and the loaners.

Christoph Brockhaus

Translation: Madeline Ferretti

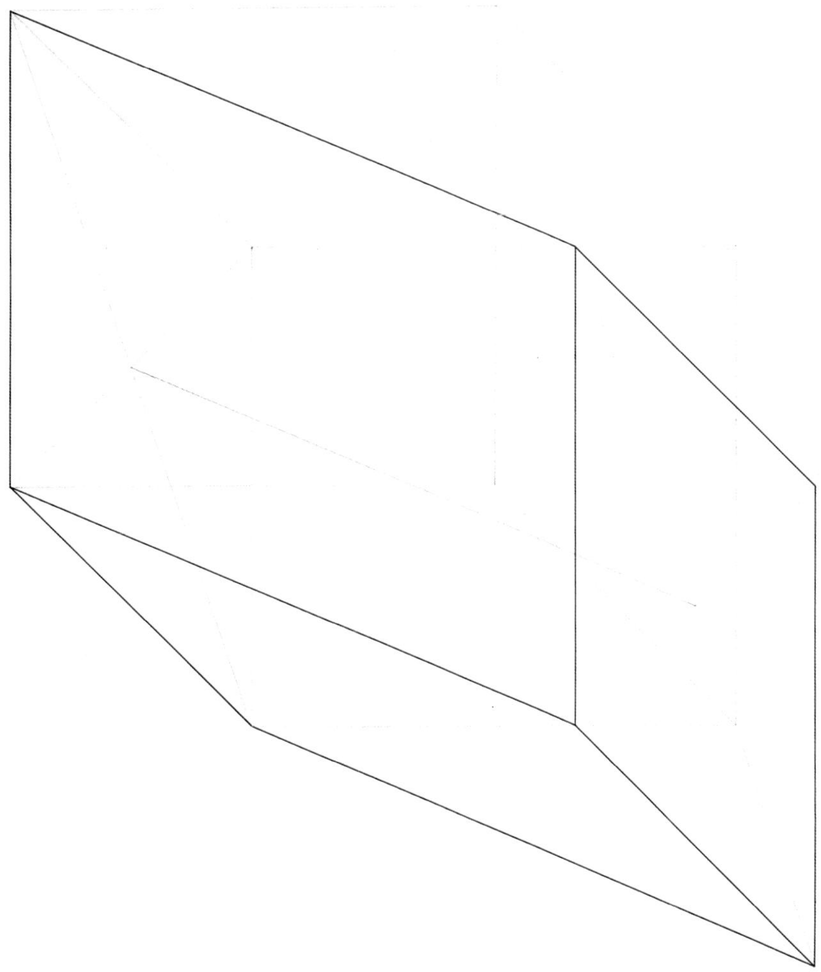

Erwin Heerich, Zeichnung für eine begehbare Skulptur, 1992, Bleistift, Pigmenttusche auf Papier, 51,2 x 73,1 cm

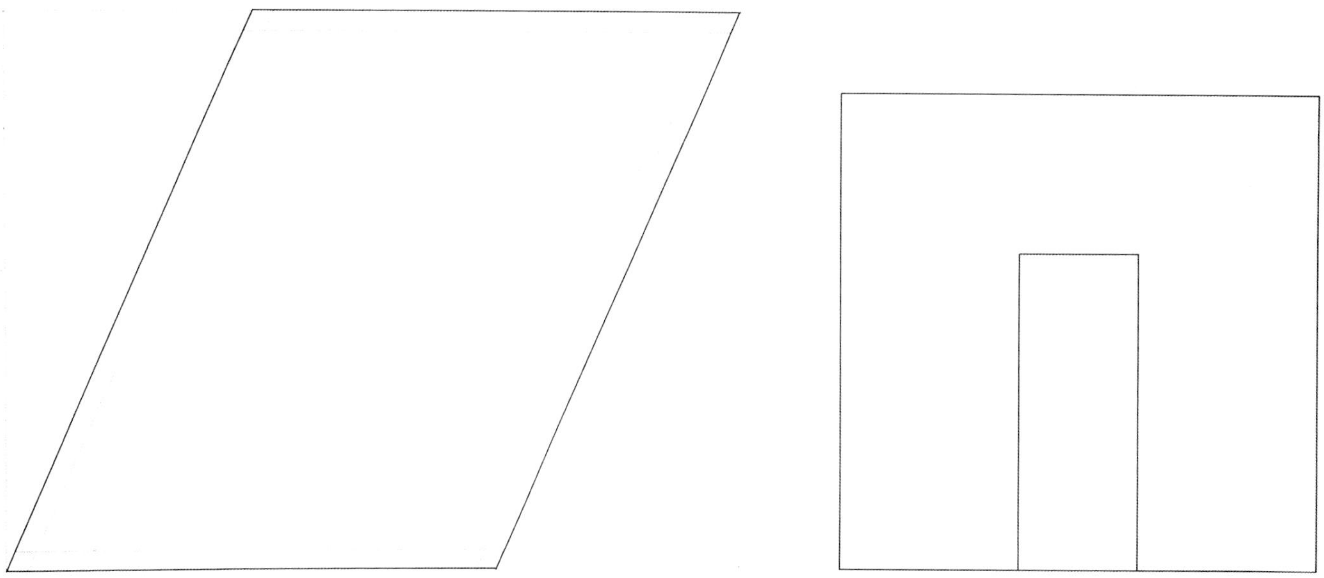

Erwin Heerich, Zeichnung für eine begehbare Skulptur, 1992, Bleistift, Pigmenttusche auf Papier, 51,2 x 73,1 cm

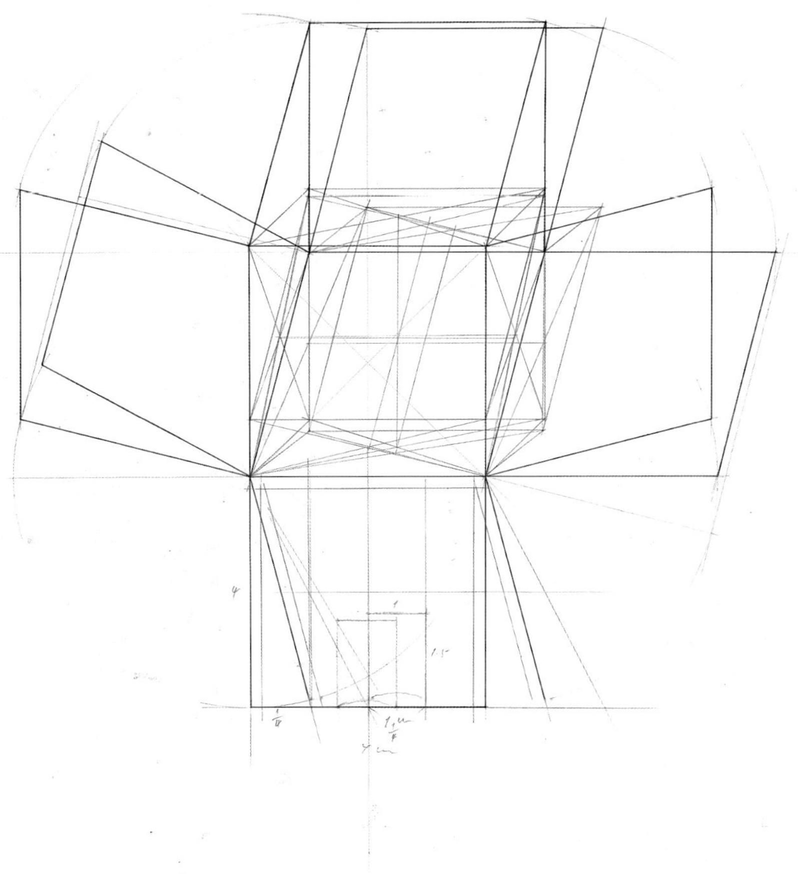

Katsuhito Nishikawa, Zeichnung zu Trikona, 1993, Bleistift, Pigmenttusche auf Papier, 50 x 50 cm

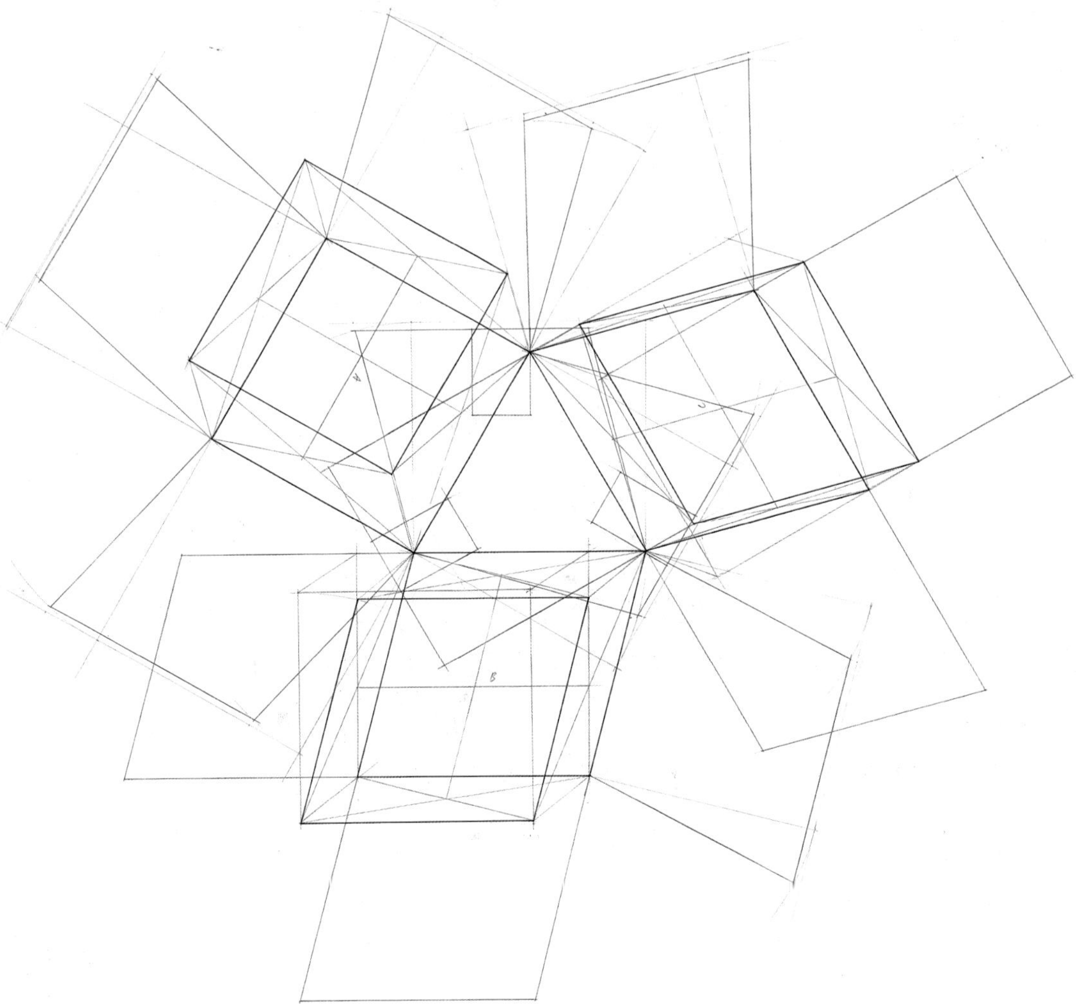

Katsuhito Nishikawa, Zeichnung zu Trikona, 1993, Bleistift, Pigmenttusche auf Papier, 50 x 50 cm

Herausgegeben von Christoph Brockhaus anläßlich der Installation TRIKONA
Eine begehbare Skulptur von Erwin Heerich und Katsuhito Nishikawa
im Wilhelm Lehmbruck Museum Duisburg, November 1994

Herstellung der Skulptur: Franz Krebstekies, Martin Gruteser, Wolfgang Gruteser
Photographien: Terushi Jimbo, Shinichi Mizoguchi
Gesamtherstellung: Plitt Druck- und Verlag GmbH, Oberhausen

ISBN 3-89279-044-2